25 años del Protocolo al Tratado Antártico sobre Protección del Medio Ambiente

COMITÉ PARA LA PROTECCIÓN DEL
MEDIO AMBIENTE

25 años del Protocolo al Tratado Antártico sobre Protección del Medio Ambiente

Secretaría del Tratado Antártico

Buenos Aires

2016

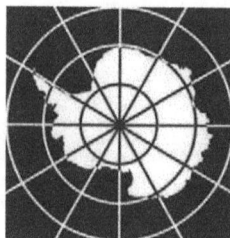

Publicado por:

Secretariat of the Antarctic Treaty

Secrétariat du Traité sur l'Antarctique

Секретариат Договора об Антарктике

Secretaría del Tratado Antártico

Maipú 757, Piso 4
C1006ACI Ciudad Autónoma
Buenos Aires - Argentina
Tel: +54 11 4320 4260
Fax: +54 11 4320 4253

ISBN 978-987-4024-12-1

Contenido

5

La Antártida: una reserva natural consagrada a la paz y la ciencia

El Protocolo al Tratado Antártico sobre Protección del Medio Ambiente es el acuerdo internacional que establece un marco de protección integral para el medioambiente antártico. Comúnmente, se lo denomina Protocolo de Madrid.

El surgimiento del Protocolo de Madrid.

Las Partes del Tratado Antártico negociaron el Protocolo de Madrid entre 1989 y 1991, tras la falta de acuerdo sobre un ente regulador internacional que regulara la actividad minera en la Antártida (la Convención para la Reglamentación de las Actividades sobre Recursos Minerales Antárticos [CRAMRA]).

La aprobación del Protocolo de Madrid incluye una prohibición por tiempo indefinido de toda actividad relativa a los recursos minerales que no sea una investigación científica.

El Protocolo se basó en una serie de disposiciones ambientales, como las Medidas convenidas sobre la conservación de la fauna y flora antárticas de 1964, acordadas durante numerosas Reuniones Consultivas del Tratado Antártico (RCTA) que se celebraron desde la firma del Tratado. Además, tomó principios sobre gestión ambiental que se habían formulado durante las negaciones del CRAMRA (como las disposiciones sobre respuesta ante emergencias), así como aportes sobre gestión de residuos y contaminación marina realizados en el pasado por el Comité Científico sobre Investigaciones Antárticas (SCAR) y la Organización Marítima Internacional (OMI), respectivamente.

7

El Protocolo se abrió a la firma el 4 de octubre de 1991 y entró en vigor el 14 de enero de 1998.

En la actualidad, 11 naciones se han sumado a las 26 que originalmente firmaron el Protocolo de Madrid (ver Tabla 1).

El Protocolo de Madrid

El Protocolo de Madrid fue diseñado con sumo cuidado. Su condición de Protocolo al Tratado Antártico tenía por objeto fortalecer el Tratado a fin de que funcionara como marco de gobernanza para la región. Como tal, el Protocolo también tiene vigencia en el Área del Tratado Antártico, es decir, la zona al sur de los 60° de latitud sur.

El Protocolo de Madrid fue diseñado en torno a un conjunto central de principios medioambientales (el Protocolo en sí), con una serie de Anexos que establecían reglas y disposiciones más detalladas. Esta metodología permite no solo actualizar los Anexos a fin de adaptarlos a los cambios en materia de conciencia ambiental y prácticas de gestión, sino también agregar anexos a medida que surja la necesidad.

Los principios centrales del Protocolo son los siguientes:

- la designación de la Antártida como una "reserva natural consagrada a la paz y la ciencia";
- la prohibición de la minería y las actividades relativas a los recursos minerales en el Área del Tratado Antártico;
- la protección del medioambiente como consideración esencial requerida en la planificación y realización de todas las actividades antárticas;

- un marco integral para evaluar los impactos ambientales en la Antártida, lo que incluye la evaluación previa de todas las actividades;
- el requisito de establecer planes de contingencia y responder de forma rápida y efectiva ante emergencias ambientales en la Antártida;
- la creación del Comité para la Protección del Medio Ambiente (CPA).

El preámbulo del Protocolo de Madrid describe el deseo de las Partes del Tratado Antártico de elaborar un régimen integral para proteger el medioambiente antártico y sus ecosistemas dependientes y asociados para beneficio de toda la humanidad.

En la actualidad, el Protocolo de Madrid cuenta con seis Anexos, que son esenciales para el Protocolo y su marco legal. Sus Anexos son los siguientes:

ANEXO I: **Evaluación del impacto sobre el medio ambiente** – El impacto sobre el medio ambiente de todas las actividades propuestas en la Antártida tendrá que ser evaluado, antes de su inicio, para detectar cualquier factor que pueda afectar al medioambiente, incluidos los impactos acumulativos. Además, esto servirá para identificar enfoques que puedan ser menos perjudiciales y procedimientos de observación requeridos para verificar los efectos previstos de la actividad. La magnitud de la evaluación del impacto ambiental requerida está sujeta a la probabilidad que los efectos previstos tienen de causar *menos que, no más que* o *más que* un impacto mínimo o transitorio. Los Proyectos de evaluaciones medioambientales globales (preparados para actividades que tengan probabilidad de provocar más que un impacto mínimo o transitorio) deben ponerse a disposición del público, distribuirse a todas las Partes para que estas los comenten y entregarse al CPA para que este los considere antes del comienzo de la actividad.

ANEXO II: Conservación de la fauna y flora antárticas – El Anexo II aporta las reglas y el marco necesarios para proteger las plantas y los animales antárticos. Para poder realizar cualquier actividad que pueda dañar a las especies autóctonas de la Antártida, se requieren permisos. La introducción de especies no autóctonas está prohibida, salvo en unos pocos casos, que también exigen un permiso. El Anexo también establece la designación de "Especies especialmente protegidas". El Anexo II ha sido revisado y actualizado en 2009 a fin de tener en cuenta la protección de las especies invertebradas.

ANEXO III: Eliminación y tratamiento de residuos – El Anexo III estipula el principio según el cual la cantidad de residuos producidos o eliminados en la Antártida se reducirá para proteger el medioambiente y otros valores antárticos. A su vez, establece el marco para limpiar los vertederos terrestres creados antes de la firma del Protocolo de Madrid, así como las reglas para la eliminación de desechos de origen humano y la utilización de incineradores, y la obligación de desarrollar planes de gestión de residuos. Algunos productos, como los bifenilos policlorados (PCB), las perlas de poliestireno expandido y los pesticidas, están prohibidos en la Antártida.

ANEXO IV: Prevención de la contaminación marina – El Anexo IV prohíbe la descarga al mar de sustancias nocivas líquidas, plásticos y otros tipos de basura provenientes de buques. Su marco concuerda, en gran medida, con el Convenio internacional para prevenir la contaminación por los buques (1973), que fue modificado por el Protocolo en

1978 (MARPOL). Además, el Anexo requiere que las Partes del Tratado Antártico preparen planes de contingencia en caso de emergencias de contaminación marina en la zona abarcada por el Tratado Antártico.

Los anexos I a IV fueron adoptados en 1991, junto con el Protocolo, y entraron en vigor en 1998.

ANEXO V: **Protección y gestión de zonas** – El Anexo V establece dos tipos de zonas protegidas: Zonas antárticas especialmente protegidas (ZAEP) y Zonas antárticas especialmente administradas (ZAEA). Tanto las ZAEP como las ZAEA requieren que se elaboren planes de gestión, que deben ser revisados al menos cada cinco años. Las ZAEP se designan para gestionar y "proteger sobresalientes valores científicos, estéticos, históricos o naturales" y para realizar investigaciones científicas. Para entrar a las ZAEP y llevar adelante actividades en dichas zonas, se exigen permisos. Las ZAEA se designan para "... coadyuvar al planeamiento y la coordinación de las actividades, evitar los posibles conflictos, mejorar la cooperación entre las Partes y reducir al mínimo los impactos ambientales". Asimismo, el Anexo V establece la designación de Sitios o monumentos históricos a fin de proteger y conservar los sitios de reconocido valor histórico. El Anexo V fue aprobado en 1991 y entró en vigor en 2002.

ANEXO VI: **Responsabilidad emanada de emergencias ambientales** – Este Anexo describe los acuerdos adoptados para prevenir y responder ante las emergencias ambientales del Tratado Antártico que surgen de los programas de investigación científica, el turismo y otras actividades gubernamentales y no gubernamentales. A su vez, estipula las normas que rigen sobre la responsabilidad emanada de emergencias ambientales y establece que se podrá exigir que el contaminador pague una multa en caso de no haber respondido de forma rápida y efectiva.

El Anexo VI, que trata el tema de la responsabilidad emanada de emergencias medioambientales, fue adoptado en 2005 y entrará en vigor al ser aprobado por todas las Partes Consultivas.

Negociar el Protocolo de Madrid y llegar a un acuerdo al respecto significó el fin de muchos años de elaboración de normas y prácticas medioambientales, que fueron sintetizadas y articuladas en un solo acuerdo integral. El Protocolo estipuló nuevas reglas en materia de protección ambiental, tales como restricciones a la actividad humana en la Antártida y un marco para incorporar cuestiones adicionales a través de la elaboración de más anexos. A través del Protocolo, la protección del medioambiente antártico pasó a constituir el tercer pilar del Tratado Antártico, junto con el uso pacífico y la cooperación científica internacional.

El Comité para la Protección del Medio Ambiente. Su papel y procedimiento de trabajo

El Comité para la Protección del Medio Ambiente está formado en virtud del Artículo 11 del Protocolo de Madrid. El papel del Comité consiste en brindar asesoramiento y formular recomendaciones para las Partes Consultivas del Tratado Antártico "en relación con la aplicación" del Protocolo de Madrid.

El Artículo 12 del Protocolo de Madrid describe la función del Comité, que incluye el asesoramiento sobre la eficacia de las medidas de conformidad con este Protocolo y la necesidad de actualizar, reforzar o perfeccionar estas medidas e incluso de establecer otros Anexos. Otras de las funciones del CPA también consisten en proporcionar asesoramiento sobre una variedad de asuntos, tales como:

- la eficacia de las medidas adoptadas de conformidad con este Protocolo;
- la necesidad de actualizar, reforzar o perfeccionar estas medidas;
- la necesidad de adoptar medidas adicionales, incluida la necesidad de establecer otros Anexos;
- la aplicación y ejecución de los procedimientos de evaluación del impacto ambiental;
- los medios para minimizar o mitigar el impacto medioambiental de las actividades en el área del Tratado Antártico;
- los procedimientos aplicables a situaciones que requieren una respuesta urgente, incluidas las acciones de respuesta en emergencias medioambientales;
- la gestión y el desarrollo de un Sistema de Áreas Protegidas en la Antártida;
- los procedimientos de inspección;
- el acopio, el archivo, el intercambio y la evaluación de la información relacionada con la protección medioambiental;
- el estado del medioambiente antártico; y
- la necesidad de realizar investigaciones científicas, incluida la observación medioambiental, relacionadas con la aplicación del Protocolo de Madrid.

Una vez que el Protocolo fue ratificado, se comenzó a trabajar en el CPA de inmediato, con la gran ayuda de las RCTA, que mantuvieron un Grupo de trabajo interino sobre medioambiente (TEWG) desde 1995 para que realizara el trabajo preparatorio antes de la formación del CPA.

El Comité para la Protección del Medio Ambiente se ha reunido cada año desde 1998, generalmente en conjunto con la Reunión Consultiva del Tratado Antártico. Las Partes del Protocolo están facultadas para ser miembros del Comité y participar en la toma de decisiones. Cualquier Parte Contratante del Tratado Antártico que no sea parte del Protocolo tiene derecho a enviar un observador a las reuniones del Comité. El Comité Científico de Investigación Antártica (SCAR), la Convención sobre la Conservación de los Recursos Marinos Vivos Antárticos (CCRVMA) y el Consejo de Administradores de Programas Antárticos Nacionales (COMNAP) asisten a las reuniones del Comité en calidad de observadores. Además, con el acuerdo de la Reunión Consultiva del Tratado Antártico, el Comité puede invitar a otros expertos y organizaciones pertinentes (ver Tabla 1).

El Comité para la Protección del Medio Ambiente cuenta con sus propias reglas de procedimiento, y sus reuniones se realizan en los cuatro idiomas oficiales del Tratado Antártico (inglés, francés, ruso y español).

El Comité presenta un informe sobre su reunión ante la Reunión Consultiva del Tratado Antártico, donde, a su vez, se analizan el informe y las recomendaciones.

La labor del CPA

Desde su primera reunión en Tromsø, celebrada en 1998, año en que el Protocolo entró en vigor, el Comité para la Protección del Medio Ambiente ha proporcionado asesoramiento a la Reunión Consultiva del Tratado Antártico de manera regular y ha generado un gran cúmulo de trabajo. Su labor ha incluido la elaboración de numerosas herramientas prácticas de gestión ambiental aplicadas a cuestiones como la evaluación del impacto ambiental, las áreas protegidas, la conservación de la fauna y flora antárticas, la vigilancia del ecosistema, la contaminación marina, las especies especialmente protegidas, los residuos de actividades pasadas, los sitios y monumentos históricos, las especies no autóctonas, entre otras cuestiones.

Todos estos procedimientos y directrices para proteger el medioambiente antártico han sido consolidados en el "Manual del CPA", que se actualiza periódicamente en el sitio web de la STA. El Manual contiene gran parte de la sustancial labor del Comité en forma de procedimientos y directrices para proteger el medioambiente antártico. Dicha labor abarca, entre muchas otras cosas:

- Directrices para la Evaluación del impacto ambiental y procedimientos para la consideración intersesional de los proyectos de Evaluación medioambiental global.
- Procedimientos y directrices para la designación de zonas antárticas protegidas, y preparación y consideración de los planes de gestión para estas áreas.
- Directrices para la operación de aeronaves cerca de colonias de aves en la Antártida.
- Directrices para la consideración de propuestas para designar Especies especialmente protegidas.
- Un manual sobre limpieza de la Antártida para vertederos y sitios abandonados.
- Un manual con directrices para la gestión de especies no autóctonas (prevención, monitoreo y respuesta).
- Directrices para gestionar el agua de lastre en el Área del Tratado Antártico.
- Lista de verificación para las inspecciones de Zonas antárticas especialmente protegidas y Zonas antárticas especialmente administradas.

- Directrices generales para visitantes a la Antártida.
- Directrices prácticas para la vigilancia del ecosistema en la Antártida.

El asesoramiento que el CPA le proporcionó a la RCTA ha dado lugar a la aprobación de numerosas medidas que regulan las actividades humanas en la Antártida. Más del 40 % de las más de cien Medidas, Decisiones y Resoluciones aprobadas por la RCTA desde que el Protocolo entró en vigor han sido fruto de la labor del Comité.

Esta cifra refleja la alta prioridad que las Partes del Tratado Antártico le dan al mejoramiento continuo del marco internacional de políticas y leyes cuyo fin es lograr una protección ambiental integral de la Antártida.

La labor del CPA no se limita a sus reuniones anuales, sino que se prolonga durante todo el año a través de sus actividades intersesionales. Dichas actividades incluyen la formación de Grupos de contacto intersesionales (GCI) abiertos para llevar adelante actividades específicas complejas o demandantes que no pueden completarse durante las reuniones del Comité; la realización de debates informales para facilitar el acceso al diálogo sobre una serie de asuntos planteados durante la reunión; y la labor del Grupo subsidiario sobre Planes de gestión (GSPG), que considera regularmente planes de gestión nuevos y revisados para las zonas antárticas especialmente protegidas o especialmente administradas. Por último, también se consideran ciertos tipos de Evaluaciones de impacto ambiental (Evaluaciones medioambientales globales) durante el período entre sesiones.

Desde la puesta en funcionamiento del CPA, se han llevado a cabo más de 90 actividades intersesionales que, en un principio, se realizaban por correo electrónico. Sin embargo, desde 2005, el Comité utiliza un foro de debate en línea que genera un entorno abierto y dinámico para trabajar entre sesiones y que mantiene un registro muy valioso de las discusiones. A su vez, se crearon bases de datos de documentos de EIA y del sistema de zonas protegidas, las cuales están alojadas en el sitio web de la STA para ayudar a los Miembros del CPA en su labor y para que cualquier persona tenga acceso a ellas.

El CPA también ha organizado una serie de talleres para abordar temas específicos. Algunos de estos temas son las zonas antárticas protegidas (Lima 1999), los Desafíos ambientales futuros de la Antártida (Edimburgo, 2006) y las Zonas Antárticas Especialmente Administradas Marinas y Terrestres (Montevideo, 2011). Asimismo, se realizaron dos talleres conjuntos (Baltimore, 2009, y Punta Arenas, 2016) a fin de identificar zonas de interés común y de desarrollar un acuerdo compartido de los objetivos y las prioridades de conservación entre el CPA y el Comité Científico de la CRVMA.

A partir de un taller celebrado en 2006, teniendo en cuenta que algunos aspectos requieren atención más inmediata que otros, se formuló una propuesta para preparar un plan de trabajo quinquenal rotativo a fin de guiar la labor del Comité. En 2008, se aprobó el primer plan de trabajo quinquenal, el cual se revisa cada año con el propósito de reflejar las prioridades acordadas por los Miembros. El plan de trabajo quinquenal rotativo le aporta al Comité para la Protección del Medio Ambiente un marco no solo para tratar temas actuales, sino también para anticipar desafíos futuros.

El plan de 2015 le asigna una alta prioridad a la labor en los siguientes campos:

- Abordar los riesgos relativos a la introducción de especies no autóctonas en la Antártida y al traslado de especies autóctonas dentro de la Antártida.

- Gestionar de manera apropiada el impacto medioambiental del turismo y de las actividades no gubernamentales.
- Entender las consecuencias ambientales del cambio climático en la región antártica y responder ante ellas.
- Mejorar la efectividad de la gestión de las zonas protegidas y continuar desarrollando el sistema de zonas antárticas protegidas, así como el medio marino.

El plan de trabajo quinquenal del CPA le aporta a la RCTA una oportunidad para comentar la labor del CPA e influir en su priorización, de acuerdo con los propios intereses y prioridades de la RCTA. Además, les permite a los expertos invitados y a los observadores del CPA saber de antemano cuándo es probable que el CPA trate temas de su interés, lo que les posibilita planificar sus propios aportes con respecto a la labor del CPA.

Desde su primera Reunión, el caudal de trabajo y la diversidad de temas tratados por el CPA ha aumentado. Las Partes mantienen su compromiso firme y constante de proteger el medioambiente antártico y de afrontar nuevos desafíos que emergen de las actividades humanas realizadas en la región antártica, del cambio climático y de otras presiones provenientes de distintas partes del mundo. La protección del medioambiente antártico y de sus ecosistemas dependientes y asociados seguirá ocupando el primer lugar en la lista de prioridades del Sistema del Tratado Antártico. El Protocolo de Madrid y el Comité para la Protección del Medio Ambiente son esenciales para que la Antártida mantenga su calidad de reserva natural consagrada a la paz y la ciencia.

Lecturas adicionales[1]

Protocolo al Tratado Antártico sobre Protección del Medio Ambiente

Anexo I: Evaluación del impacto sobre el medio ambiente

Anexo II: Conservación de la fauna y flora antárticas

Anexo III: Eliminación y tratamiento de residuos

Anexo IV: Prevención de la contaminación marina

Anexo V: Protección y gestión de zonas

Anexo VI: Responsabilidad emanada de emergencias ambientales

Manual del Comité para la Protección del Medio Ambiente

Base de datos de Evaluación del impacto ambiental

Base de datos de Zonas Antárticas Protegidas

---

[1] Disponibles en http://www.ats.aq

Tabla 1. Miembros y observadores del Comité para la Protección del Medio Ambiente (abril de 2016)

Miembros – Partes del Protocolo de Madrid*			
Alemania	Argentina	Australia	Belarús
Bélgica	Brasil	Bulgaria	Canadá
Chile	China	Ecuador	España
Estados Unidos	Federación de Rusia	Finlandia	Francia
India	Grecia	Italia	Japón
Mónaco	Nueva Zelandia	Noruega	Países Bajos
Pakistán	Perú	Polonia	Portugal
Reino Unido	República Checa	República de Corea	Rumania
Sudáfrica	Suecia	Ucrania	Uruguay
Venezuela			
Observadores – Partes del Tratado Antártico que no firmaron el Protocolo de Madrid			
Austria	Colombia	Cuba	Dinamarca
Estonia	Guatemala	Hungría	Islandia
Kazajstán	Malasia	Mongolia	Papúa Nueva Guinea
República de Eslovaquia	República Popular Democrática de Corea	Suiza	Turquía

Tabla 1 (continuación):

Observadores – Organizaciones identificadas en el Protocolo de Madrid y/o en las Reglas de procedimiento			
Comité Científico de la Comisión para la Conservación de los Recursos Vivos Marinos Antárticos (SC-CAMLR)	Comité Científico sobre Investigaciones Antárticas (SCAR)	Consejo de Administradores de Programas Antárticos Nacionales (COMNAP)	
Expertos – Otras organizaciones científicas, medioambientales y técnicas			
Asociación Internacional de Operadores Turísticos en la Antártida (IAATO)	Coalición Antártica y del Océano Austral (ASOC)	Organización Hidrográfica Internacional (OHI)	Organización Meteorológica Mundial (OMM)
Programa de las Naciones Unidas para el Medio Ambiente (PNUMA)	Unión Internacional para la Conservación de la Naturaleza (UICN)		

*La lista actualizada está disponible en
http://www.ats.aq/devAS/ats_parties.aspx?lang=s